Petit monde vivant

Les Serpents

John Crossingham et Bobbie Kalman

Traduction : Marie-Josée Brière

Les serpents est la traduction de *The Life Cycle of a Snake* de John Crossingham et Bobbie Kalman (ISBN 0-7787-0690-7).
© 2003, Crabtree Publishing Company, 612 Welland Ave., St. Catherines, Ontario, Canada L2M 5V6

Catalogage avant publication de Bibliothèque et Archives Canada

Crossingham, John, 1974-

Les serpents

(Petit monde vivant)
Traduction de : The life cycle of a snake.
Pour les jeunes de 6 à 12 ans.

ISBN-13 978-2-89579-100-3
ISBN-10 2-89579-100-7

1. Serpents - Cycles biologiques - Ouvrages pour la jeunesse.   2. Serpents - Ouvrages pour la jeunesse.
I. Kalman, Bobbie, 1947-   . II. Titre.   III. Collection: Kalman, Bobbie, 1947-   . Petit monde vivant.
QL666.O6C7614 2006   j597.96'156   C2006-940592-1

Nous reconnaissons l'aide financière du gouvernement
du Canada par l'entremise du Programme d'aide au
développement de l'industrie de l'édition (PADIÉ)
pour nos activités d'édition.

Conseil des Arts   Canada Council
du Canada   for the Arts

Bayard Canada Livres Inc. remercie
le Conseil des Arts du Canada du soutien
accordé à son programme d'édition dans
le cadre du Programme des subventions globales aux éditeurs.
Cet ouvrage a été publié avec le soutien de la SODEC.
Gouvernement du Québec – Programme de crédit d'impôt
pour l'édition de livres – Gestion SODEC.

Dépôt légal – 3ᵉ trimestre 2006
Bibliothèque nationale du Québec
Bibliothèque nationale du Canada

Direction : Andrée-Anne Gratton
Traduction : Marie-Josée Brière
Graphisme : Mardigrafe
Révision : Johanne Champagne

© Bayard Canada Livres inc., 2006
4475, rue Frontenac
Montréal (Québec)
Canada H2H 2S2
Téléphone : (514) 844-2111 ou 1 866 844-2111
Télécopieur : (514) 278-3030
Courriel : edition@bayard-inc.com

Imprimé au Canada

Table des matières

Des serpents par milliers

On trouve des serpents partout sur la planète : dans les déserts et les forêts tropicales, dans les prairies et les montagnes, sous la terre et même sous l'eau ! Les scientifiques en ont découvert environ 2 700 espèces différentes, de tailles et de couleurs très variées. Certains serpents peuvent atteindre neuf mètres de longueur, alors que d'autres ne font que dix centimètres. Certains sont ternes, d'autres vivement colorés. Beaucoup portent des marques ou des motifs sur le corps. Le quart environ des serpents sont **venimeux** – c'est-à-dire qu'ils fabriquent du poison à l'intérieur de leur corps. Ils se servent de leur venin pour chasser et pour se défendre.

serpent corail d'Afrique australe

crotale diamantin de l'Ouest

serpent minute

serpent corail d'Amérique du Nord

couleuvre

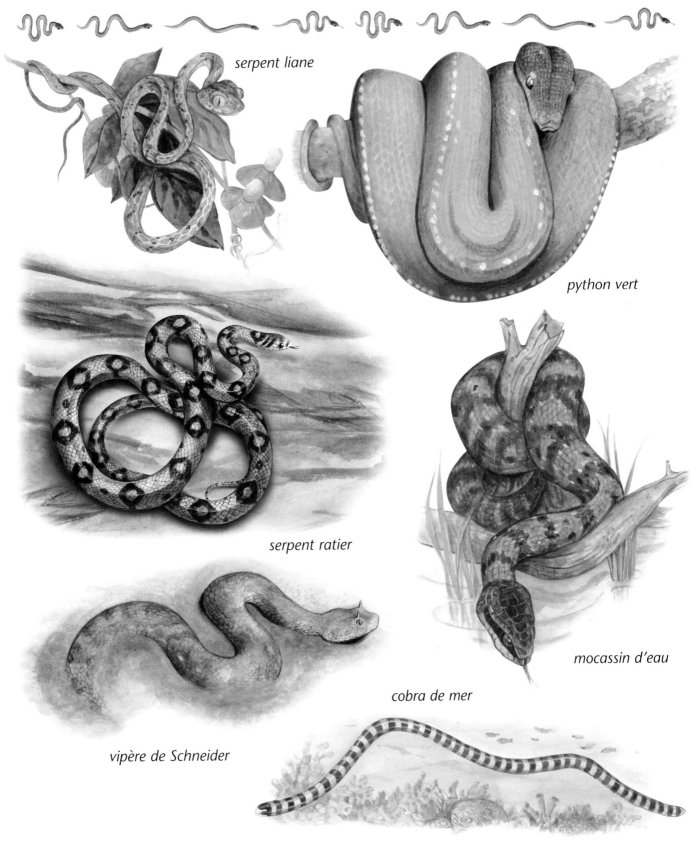

serpent liane

python vert

serpent ratier

mocassin d'eau

vipère de Schneider

cobra de mer

5

Qu'est-ce qu'un serpent ?

Les serpents sont des **reptiles** sans pattes. Les reptiles ont une colonne vertébrale et sont couverts d'écailles – de minuscules plaques composées d'une matière semblable à celle de nos ongles. Ils respirent de l'oxygène à l'aide de poumons. Ce sont des animaux à sang froid, ce qui signifie que la température de leur corps varie selon celle de leur environnement. Les serpents peuvent élever leur température en s'installant au soleil et l'abaisser ensuite en se déplaçant à l'ombre.

Les autres reptiles

La classe des reptiles comprend les quatre grands groupes qu'on voit ici. Tous ces animaux ont des ancêtres communs.

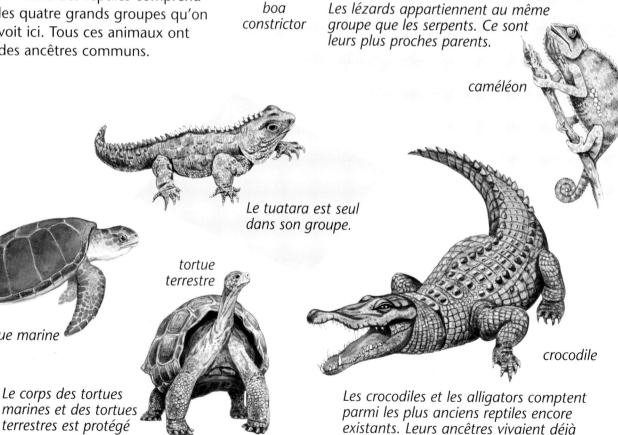

boa constrictor

Les lézards appartiennent au même groupe que les serpents. Ce sont leurs plus proches parents.

caméléon

Le tuatara est seul dans son groupe.

tortue terrestre

tortue marine

Le corps des tortues marines et des tortues terrestres est protégé par une carapace dure.

crocodile

Les crocodiles et les alligators comptent parmi les plus anciens reptiles encore existants. Leurs ancêtres vivaient déjà sur la Terre au temps des dinosaures !

Les serpents ont dans le palais un capteur appelé « organe de Jacobson ». En agitant la langue, ils recueillent les odeurs dans l'air et les déposent ensuite sur l'organe de Jacobson pour y « goûter ».

Les serpents qui vivent dans les arbres ont souvent une queue préhensile, avec laquelle ils peuvent saisir des objets ou s'enrouler autour d'eux. Ces serpents se servent de leur queue musclée pour s'agripper aux branches et s'y suspendre.

Certains types de serpents ont des fossettes sensorielles sur les côtés de la tête. Ces petits organes leur permettent de détecter la chaleur du corps des autres animaux, même dans l'obscurité.

Les serpents peuvent ouvrir leurs mâchoires plus grand que tous les autres animaux.

Les serpents n'ont pas de paupières. Leurs yeux sont plutôt couverts d'une écaille transparente appelée « lunette ».

Gros plan sur le serpent

Bien des gens pensent que les serpents sont gluants, mais en réalité, leur peau est sèche. Elle se compose de deux épaisseurs : une couche de peau mince et une enveloppe d'écailles dures. Toutes les couleurs et les marques se trouvent sur les écailles. Ces écailles empêchent le corps du serpent de se dessécher. Elles donnent aussi au serpent une meilleure traction quand il rampe. Le serpent se déplace en avançant l'arrière de son corps, puis l'avant, sur le sol ou sur l'écorce d'un arbre. Quand la peau du serpent est détendue, les écailles s'emboîtent comme les morceaux d'un casse-tête. Quand elle est étirée, les écailles se séparent. La peau est très solide et peut s'étirer considérablement quand le serpent mange un gros repas.

Qu'est-ce qu'un cycle de vie ?

Les petits serpents passent par les différentes étapes de leur cycle de vie plus rapidement que les gros. Ils deviennent donc adultes plus vite.

Tous les animaux passent par une série d'étapes, ou de changements, qu'on appelle un « cycle de vie ». Après leur naissance ou leur éclosion, ils grandissent et se transforment jusqu'à ce qu'ils deviennent adultes. Ils peuvent alors se reproduire, c'est-à-dire faire des petits. Tous les serpents traversent ces différentes étapes pendant leur cycle de vie. Chaque fois qu'un bébé naît, un nouveau cycle de vie commence.

Qu'est-ce que l'espérance de vie ?

L'espérance de vie est la durée moyenne de la vie d'un animal. Pour la plupart des serpents, elle est de dix à treize ans. Les serpents deviennent adultes entre un et cinq ans. Les gros serpents ont généralement une plus longue espérance de vie que les plus petits.

Le cycle de vie du serpent

Le serpent commence sa vie à l'intérieur d'un œuf, où il se développe pendant plusieurs semaines. Lorsqu'il est entièrement formé, le bébé serpent sort de son œuf. Tous les œufs de la même couvée éclosent à peu près en même temps. Les petits serpents, ou serpenteaux, doivent ensuite s'éloigner rapidement des autres pour éviter de se faire manger.

Les serpents juvéniles – les jeunes – apprennent vite à chasser seuls. Ils se développent rapidement et **muent**, ou se débarrassent régulièrement de leur peau, à mesure qu'ils grossissent. Une fois devenus adultes, ou matures, les serpents peuvent faire des bébés et commencer un nouveau cycle de vie, comme on le voit ci-dessous.

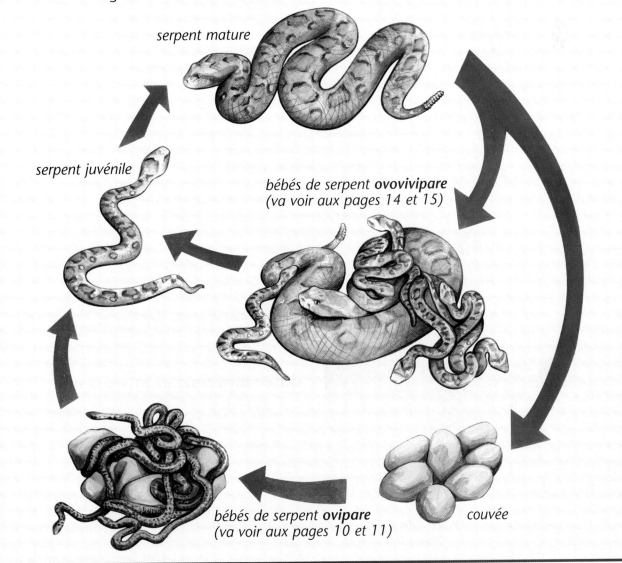

serpent mature

serpent juvénile

*bébés de serpent **ovovivipare**
(va voir aux pages 14 et 15)*

*bébés de serpent **ovipare**
(va voir aux pages 10 et 11)*

couvée

9

Le début du cycle

Les pythons sont les seuls serpents qui couvent leurs œufs pour les garder au chaud. La plupart d'entre eux s'enroulent sur leurs œufs et autour, et frissonnent pour produire de la chaleur.

La plupart des serpents sont ovipares, ce qui veut dire qu'ils pondent des œufs. Certaines femelles n'en pondent qu'un seul à la fois, alors que d'autres ont des couvées de plus d'une centaine d'œufs ! Plus la femelle est grosse, plus elle peut produire d'œufs.

Chaleur et humidité

Avant de pondre leurs œufs, les femelles doivent trouver un endroit à l'abri des **prédateurs** – les animaux qui s'en nourrissent. Elles doivent aussi déposer leurs œufs dans un endroit chaud et humide pour que les **embryons** puissent s'y développer. Les serpents essaient donc de faire leur nid dans des endroits où il y a beaucoup d'humidité, par exemple dans des branches d'arbre en décomposition ou des piles de feuilles. Dans les régions froides, les serpents prennent différents moyens pour garder leurs œufs au chaud. Souvent, ils les recouvrent de feuilles mortes ou d'autres matières végétales. Pour en savoir plus long sur les nids des serpents, va voir à la page 24.

Cette couleuvre fauve a pondu ses œufs dans un trou dans le sol. Elle va les recouvrir d'un peu de terre pour les dissimuler.

Gros plan sur les œufs

La grosseur des œufs varie selon les espèces, mais la plupart du temps, ils sont blancs ou crème, et de forme ovale. La coquille des œufs de serpent n'est pas dure et cassante comme celle des œufs d'oiseau. Elle ressemble plutôt à du cuir. Elle est également poreuse, ce qui signifie qu'elle est percée de minuscules trous qui laissent passer l'air et l'humidité.

La grosseur et la forme des œufs dépendent généralement des caractéristiques de la femelle qui les pond. Par exemple, les petits serpents pondent de petits œufs, et les serpents minces pondent des œufs allongés.

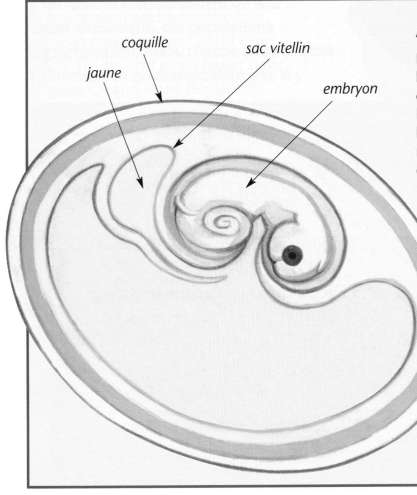

coquille

jaune

sac vitellin

embryon

À l'intérieur de l'œuf

La période pendant laquelle l'embryon se développe à l'intérieur de l'œuf s'appelle l'« incubation ». Pendant ce temps, l'œuf fournit à l'embryon tout ce dont il a besoin : nourriture, abri et protection. Au début, le sac vitellin, qui contient la nourriture nécessaire à l'embryon, prend presque toute la place. À mesure que l'embryon grossit, il absorbe le jaune du sac vitellin par une fente dans son estomac et occupe de plus en plus d'espace à l'intérieur de l'œuf.

Après quelques semaines, la tête, la queue et les yeux de l'embryon commencent à se former.

À l'air libre

En grandissant, l'embryon de serpent doit trouver de plus en plus d'oxygène. Après un certain temps, il devient trop gros et ne peut plus en absorber assez à travers la coquille de son œuf. Le bébé serpent doit donc sortir pour pouvoir respirer. Tous les œufs de la même couvée éclosent généralement en même temps, plusieurs semaines après avoir été pondus.

L'instinct

Quand il sort de sa coquille, le jeune serpent agit par **instinct** pour la première fois de sa vie. L'instinct, c'est l'ensemble des comportements que les animaux possèdent dès la naissance. Le jeune serpent a aussi l'instinct de se déplacer et de chasser. Aussitôt qu'il naît, il est capable de se défendre en sifflant, en frappant ou même en faisant le mort ! Grâce à son instinct, il a de meilleures chances de se rendre à l'étape suivante de son cycle de vie.

Les bébés serpents, comme ce petit crotale des bois, sont capables de se défendre et de se chercher à manger tout de suite après être sortis de leur coquille.

Sortir de sa coquille

Pour briser sa coquille, le jeune serpent se sert d'une petite excroissance pointue, sur le bout de son nez, appelée « diamant ». Ce diamant ressemble à une dent et tombe peu après l'éclosion. Le nouveau-né ne quitte toutefois pas sa coquille tout de suite. Il peut y passer quelques heures – ou même quelques jours – à observer les alentours et à manger ce qu'il reste du jaune.

Cette petite couleuvre agile à ventre jaune a brisé sa coquille à l'aide de son diamant. Elle se reposera probablement quelque temps avant d'en sortir.

Des petits vivants

Plutôt que de pondre des œufs, certains serpents – comme les boas, les crotales et les vipères – donnent naissance à des bébés déjà formés. Ce sont des serpents ovovivipares. Beaucoup de serpents **aquatiques** donnent naissance à leurs petits dans l'eau plutôt que de pondre des œufs sur le sol. Les femelles des serpents ovovivipares portent leurs œufs à l'intérieur de leur corps, où ils sont à l'abri des prédateurs. En protégeant ainsi leurs bébés, les mères se mettent toutefois en danger. Les œufs prennent tellement de place dans leur corps qu'elles ne peuvent pas manger autant qu'elles le devraient. Et, comme elles se déplacent plus lentement que d'habitude, elles ont plus de mal à échapper à leurs ennemis.

Contrairement aux serpents ovipares, comme le serpent roi de Californie et la couleuvre des blés qu'on voit sur la page ci-contre, cette couleuvre rayée donne naissance à des petits vivants plutôt que de pondre des œufs. Le bébé couleuvre peut tout de suite se débrouiller seul.

Des œufs bien protégés

Les femelles ovovivipares portent de cinq à cinquante œufs dans une cavité de leur corps appelée « oviducte ». Contrairement à ceux des espèces ovipares, ces œufs n'ont pas une coquille dure. Chaque embryon et son jaune sont entourés d'une membrane, ou peau, mince et flexible, mais très résistante.

Adieu, petits !

Les bébés de la même portée naissent tous en même temps. Ils sont encore protégés par leur membrane quand ils sortent du corps de leur mère. Après avoir déchiré cette membrane à l'aide de leur diamant, les nouveaux-nés se tortillent pour s'en débarrasser et quittent leur mère tout de suite.

La croissance

Les serpents doivent se débrouiller seuls dès leur naissance. Ils doivent donc devenir rapidement de bons chasseurs. Ils commencent par attraper de petites **proies** comme des insectes, des escargots, des grenouilles et des lézards. Puis, ils passent au stade juvénile. C'est une étape dangereuse pour les serpents. Beaucoup se font alors dévorer par des grenouilles, des aigles, des hiboux, des renards ou d'autres animaux. Quand il y a un prédateur dans les parages, les serpents juvéniles doivent rester en alerte et être capables de se sauver rapidement pour éviter de se faire attraper. Pour échapper à leurs ennemis, ils peuvent se cacher sous terre ou entre les pierres. Comme protection supplémentaire, les serpents juvéniles de certaines espèces ont un venin encore plus dangereux que celui de leurs parents. Les jeunes serpents qui survivent atteignent parfois la moitié de leur taille adulte dès la fin de leur première année.

Un blaireau affamé ne ratera pas l'occasion de s'en prendre à un serpent juvénile.

Des couleurs différentes

Certains serpents juvéniles ont des couleurs ou des motifs différents de ceux des adultes. Chez quelques espèces de vipères et de pythons arboricoles, par exemple, les adultes sont verts, tandis que les jeunes sont jaune vif. En général, les serpents juvéniles sont plus pâles que les adultes.

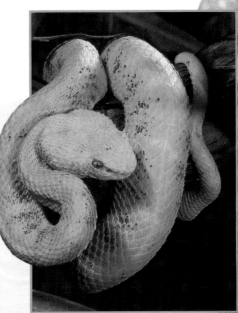

Pourquoi changer ?

Les scientifiques pensent savoir pourquoi certains serpents juvéniles n'ont pas les mêmes couleurs que les adultes de la même espèce. C'est à cause d'un pigment appelé « mélanine », qui donne des couleurs foncées à la peau des serpents. En vieillissant, les serpents produisent davantage de mélanine, ce qui explique pourquoi ils deviennent graduellement plus foncés. Il arrive aussi que les jeunes serpents vivent dans un autre environnement que les adultes. Leurs couleurs et leurs marques, tout comme celles de leurs parents, les aident donc à se camoufler pour se confondre avec leur milieu.

(Ci-dessus) Cette vipère de Schlegel est jaune vif au stade juvénile.

(Ci-dessous) La même vipère deviendra verte à l'âge adulte.

Changer de peau

La peau des serpents ne grandit pas en même temps que leur corps. Quand le jeune serpent grossit, sa peau devient donc trop serrée pour lui. Il doit s'en débarrasser, ou « muer », pour pouvoir continuer sa croissance. Il fait sa première mue dès l'âge d'une à deux semaines. Il mue ensuite trois fois par année jusqu'à l'âge adulte. Même alors, le serpent continue de grossir. Il doit donc changer de peau une ou deux fois par année. La mue dure chaque fois de quatre à cinq jours.

Quand il est blessé, le serpent se débarrasse de sa peau pour guérir plus vite. En quelques semaines, il peut se défaire ainsi de plusieurs nouvelles peaux pour accélérer sa guérison.

Deux couches

Le serpent a en fait deux couches de peau : une couche intérieure qui grandit avec lui et une couche extérieure faite de cellules mortes. Quand le serpent est prêt à muer, il produit un liquide lubrifiant entre ces deux couches. Ce liquide l'aide à glisser plus facilement en dehors de sa vieille peau.

La vieille peau morte que le serpent laisse derrière lui en muant ne porte pas de couleurs ni de marques.

Bon débarras !

Le serpent commence sa mue en frottant la peau de sa tête et de son museau sur une surface rugueuse, par exemple une pierre ou un tronc d'arbre. Quand la peau se fend, le serpent se tortille pour en sortir. La vieille peau se détache généralement d'une seule pièce. La nouvelle peau est luisante et reste molle pendant quelques heures après la mue, mais elle sèche et durcit rapidement. Une nouvelle couche de peau commence alors à pousser en dessous.

Chacun chez soi

Presque tous les serpents vivent dans un territoire délimité dont ils sortent rarement. C'est ce qu'on appelle leur « domaine vital ». Quand un jeune serpent quitte le nid, il se cherche un domaine vital dans lequel il va s'installer et chasser. Comme les serpents vivent dans divers types d'habitats, le domaine vital de chacun est un peu différent de celui des autres.

À travers les branches

Les serpents arboricoles vivent dans les arbres, ce qui leur permet d'échapper à leurs ennemis au sol. Ils trouvent des cavités naturelles dans les arbres pour s'abriter et faire leur nid. Ils se servent de leur queue préhensile pour s'accrocher aux branches. Il y a beaucoup de serpents arboricoles dans les **forêts pluviales**.

Les serpents arboricoles sont souvent longs et fins. Ils peuvent ainsi se déplacer facilement de branche en branche.

En profondeur

Les serpents fouisseurs vivent sous la terre. Ils creusent des trous appelés « **terriers** », dans lesquels ils dorment et se cachent de leurs ennemis. Leur terrier leur fournit aussi un refuge contre le froid ou la chaleur.

Les serpents du désert creusent des terriers dans le sable pour échapper à la chaleur extrême.

En altitude

Quelques serpents, dont certaines espèces de vipères et de crotales, vivent dans les montagnes. Cet environnement est parfois très froid, mais ils y trouvent facilement des abris entre les pierres et dans les grottes.

Les serpents des montagnes dorment souvent d'un sommeil profond pendant les mois froids de l'hiver.

Sous la mer

Les serpents aquatiques vivent sous l'eau, même s'ils ont besoin d'air pour respirer. Ils peuvent retenir leur souffle pendant deux heures ! Ils trouvent refuge au fond des océans ou des lacs, souvent entre des pierres ou des coraux.

Les serpents de mer vivent uniquement dans les zones tropicales, où l'eau est assez chaude. Ils se nourrissent surtout de poissons et d'œufs de poisson.

La reproduction

Les serpents sont matures quand leur corps est prêt pour la reproduction. Les femelles fabriquent alors des œufs à l'intérieur de leur corps. Les mâles **fertilisent** ces œufs en **s'accouplant** avec elles. Seuls les œufs fertilisés peuvent devenir des bébés serpents. Selon les espèces, les serpents atteignent la maturité entre deux et cinq ans.

La saison des amours

Les serpents sont des animaux solitaires. Ils passent la majeure partie de leur vie seuls. Chez beaucoup d'espèces, ils se rencontrent seulement quand vient le temps de s'accoupler. Les serpents matures s'accouplent généralement une fois par année – la plupart au printemps, mais quelques-uns à l'automne.

Ce mocassin à tête cuivrée est prêt pour l'accouplement.

À la recherche d'un partenaire

Avant de pouvoir s'accoupler, les serpents doivent se trouver un partenaire. Ce sont généralement les mâles qui se chargent de cette recherche. Quand les femelles sont prêtes pour l'accouplement, leur corps produit des substances chimiques appelées « phéromones ». En se déplaçant, elles laissent des traces de ces phéromones, que les mâles suivent grâce à leur odorat. Chez certaines espèces, quand plusieurs mâles trouvent la même femelle, il leur arrive de se battre pour avoir le privilège de s'accoupler avec elle.

Les mâles se battent parfois pour obtenir les faveurs d'une femelle.

Le bon moment

Les femelles qui s'accouplent au printemps pondent leurs œufs peu après. Celles qui s'accouplent à l'automne gardent leurs œufs à l'intérieur de leur corps pendant tout l'hiver et les pondent au printemps suivant. Dans les régions où les conditions climatiques sont difficiles, par exemple à cause de la **sécheresse**, les femelles serpents peuvent entreposer ainsi leurs œufs pendant des années en attendant les bonnes conditions pour les pondre. Les serpents ovovivipares donnent habituellement naissance à leurs petits quelques mois après l'accouplement, mais ils peuvent attendre eux aussi si les conditions ne s'y prêtent pas.

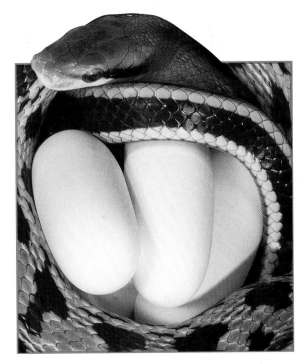

Cette couleuvre taïwanaise s'est enroulée autour des œufs qu'elle vient de pondre.

23

En lieu sûr

Après l'accouplement, les femelles ovipares doivent trouver un endroit chaud, humide et bien caché pour faire leur nid. Elles parcourent souvent plusieurs kilomètres à la recherche de l'abri parfait. Quand elles ont trouvé un site qui leur convient, elles y retournent chaque année pour pondre leurs œufs. Les meilleurs sites de nidification servent d'ailleurs à plus d'une femelle. Plusieurs d'entre elles peuvent partager le même nid.

L'endroit idéal

Les serpents pondent généralement leurs œufs dans des cavités naturelles, mais les femelles de quelques espèces creusent des trous dans la terre molle avec leur museau. D'autres cachent leurs œufs dans des grottes, ou encore sous des pierres, des branches ou des troncs d'arbres tombés, des feuilles ou même des excréments d'animaux ! Le cobra royal est le seul serpent qui se construit vraiment un nid en empilant des feuilles. Après avoir pondu leurs œufs, la plupart des serpents quittent leur nid pour retourner dans leur domaine vital.

Ce crotale des bois a pondu ses œufs dans un endroit semblable à celui qui lui sert de terrier, ou d'abri.

Dormir tout l'hiver

À l'automne, les serpents qui vivent dans les régions où les hivers sont froids doivent aussi se trouver un abri sûr. Ces serpents entrent dans un profond sommeil appelé « hibernation » pour survivre à l'hiver. Pendant l'hibernation, les battements de leur cœur et leurs autres fonctions corporelles ralentissent. Comme ils dorment alors très dur, leur gîte d'hibernation, appelé « hibernacle », doit les protéger des prédateurs tout autant que des rigueurs du climat. Certaines espèces ovovivipares sont tellement en sécurité dans leur gîte qu'elles donnent naissance à leurs petits pendant l'hibernation. Les serpenteaux sortent de l'hibernacle avec leurs parents quand le temps s'adoucit au printemps.

Les couleuvres rayées se rassemblent souvent en grands groupes à la fin de l'automne. Elles hibernent sous terre jusqu'au printemps.

Combattre la chaleur

Comme ceux des régions froides, les serpents des déserts entrent dans un profond sommeil pour échapper aux rigueurs du climat, sauf qu'ils cherchent ainsi à échapper à la chaleur extrême plutôt qu'au froid. Ce sommeil s'appelle « estivation ». Les serpents en estivation dorment dans des terriers creusés profondément sous la terre pendant les heures les plus chaudes de la journée.

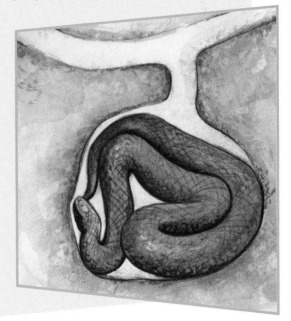

Les serpents du désert estivent sous terre plusieurs mois par année.

À la chasse

Les serpents sont tous des prédateurs : ils chassent et mangent d'autres animaux. Selon leur taille et l'endroit où ils vivent, ils peuvent se nourrir de souris, de lézards, d'œufs, de grenouilles, d'oiseaux, de cochons, de poissons et même d'autres serpents. Ils peuvent s'attaquer à des proies beaucoup plus grosses qu'eux. Ils avalent toujours leurs proies entières, la tête la première.

Cette couleuvre des blés commence à avaler une souris sylvestre qu'elle vient d'étouffer.

À la recherche d'un repas

Certains serpents suivent leurs proies et les attaquent par derrière. D'autres attendent dans les arbres et, quand une proie passe en dessous, ils se laissent tomber sur elle. Ceux qui sont habiles à se camoufler se cachent pour attendre qu'une proie arrive près d'eux. C'est alors qu'ils frappent et mordent rapidement. Tous les serpents attaquent vite pour éviter d'être blessés par leurs proies. Une fois qu'ils ont attrapé un animal, ils se servent d'une des deux méthodes suivantes pour le tuer : ils l'étouffent ou l'empoisonnent avec du venin.

Beaucoup de serpents mangeurs d'œufs ont des épines dans la gorge, qui les aident à broyer les coquilles avant qu'elles atteignent leur estomac.

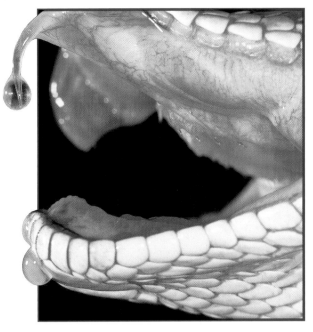

La plupart des serpents étouffent leurs proies. Ils prennent la tête de la proie entre leurs mâchoires et s'enroulent autour d'elle, en serrant de plus en plus fort jusqu'à ce qu'elle ne puisse plus respirer.

Les serpents venimeux injectent du poison dans leurs proies avec des dents creuses appelées « crochets ». Le venin ne tue généralement pas la proie, mais il la **paralyse** assez longtemps pour que le serpent puisse la manger.

J'ai bien mangé !

Les serpents peuvent prendre de dix minutes à plus d'une heure pour avaler leur repas. Une fois leur proie rendue dans leur estomac, ils se cherchent une place pour digérer. Comme il leur faut parfois quelques semaines pour digérer complètement un gros animal, certains serpents n'ont besoin de manger que quelques fois par année !

Le serpent devient une proie facile pour ses ennemis pendant qu'il digère. C'est pourquoi il doit se réfugier en lieu sûr.

27

Dangers et défenses

Le crotale, ou serpent à sonnette, se sert de plaques appelées « cascabelles » pour avertir les intrus qu'ils sont trop proches. Il se défend aussi en injectant du venin.

Ce cobra déploie sa coiffe pour avoir l'air plus gros. Il crache son venin vers les yeux d'un prédateur afin de l'aveugler.

Les serpents sont d'excellents prédateurs, mais ils peuvent aussi devenir des proies ! Les aigles, les buses, les gros lézards, les crocodiles, les ratons laveurs et les mangoustes comptent parmi les nombreux animaux qui mangent des serpents. Les serpents ont développé plusieurs moyens de défense pour se protéger, mais ils restent plutôt démunis face à leur pire ennemi : l'humain.

Les moyens de défense

Le serpent se défend d'abord et avant tout en sifflant. Il avertit ainsi les autres animaux de s'éloigner s'ils ne veulent pas se faire mordre. Quelques espèces, comme les cobras, peuvent se gonfler ou s'étirer le cou pour paraître plus gros et plus féroces. Il y a aussi des serpents qui font semblant d'être morts quand ils sont en danger. Ils roulent sur le dos, laissent pendre leur langue et restent immobiles. Certains émettent même une odeur désagréable semblable à celle d'un animal mort !

Les pires ennemis

Les pires ennemis des serpents, ce sont les humains. Chaque année, ils en tuent des milliers pour leur peau, qui sert à fabriquer des vêtements, des bottes, des ceintures, des valises et d'autres objets. Dans différentes régions du monde, certaines parties du corps des serpents servent à fabriquer des médicaments, même si l'efficacité de ces médicaments n'est pas prouvée. Les gens tuent aussi des serpents quand ils détruisent des forêts, des champs et d'autres endroits naturels pour construire des habitations. La pollution menace également les serpents, comme tous les autres animaux.

Il faut beaucoup de peaux de serpent pour fabriquer des objets comme ces bottes.

Si les arbres de cette forêt disparaissent, l'habitat d'une bonne partie des animaux dont les serpents se nourrissent disparaîtra aussi. Quand les serpents n'ont plus d'endroit où se réfugier ni de proies à manger, des populations entières meurent de faim.

Pour aider les serpents

Les serpents comptent parmi les animaux que nous craignons le plus, mais ils sont très importants pour l'environnement. Ce sont des maillons essentiels de certaines **chaînes alimentaires** et de certains **réseaux alimentaires**. Comme prédateurs, ils contrôlent les populations de différentes espèces nuisibles, par exemple les souris et les rats. Et, comme proies, ils servent de nourriture à d'autres animaux.

Respectons les espèces sauvages

Nous avons peut-être peur des serpents, mais ils ont encore bien plus peur de nous ! Nous pouvons les aider en apprenant à les respecter. Si tu vois un serpent dans la nature, garde tes distances et laisse-le tranquille. Les serpents ne poursuivent jamais les humains. Rappelle-toi que, quand un serpent siffle, c'est simplement parce qu'il veut avoir la paix.

Attention

Un remède utile

Le venin de certains serpents, comme le serpent corail, est assez dangereux pour incommoder ou même tuer des gens. Le seul remède, pour une morsure d'un de ces serpents, c'est un **sérum antivenimeux**. Ce sérum est fait de venin **extrait** des crochets du serpent. Les scientifiques se servent aussi de venin pour faire de la recherche sur des maladies qui n'ont rien à voir avec les serpents, par exemple les problèmes cardiaques chez les humains – et même pour guérir certaines de ces maladies.

Un peu d'aide

Les serpents de nombreuses espèces, comme le cobra royal et la couleuvre agile bleue, sont menacés de disparition. Des groupes se sont formés pour protéger ces serpents en danger, et certains gouvernements ont adopté des lois pour interdire la chasse à différentes espèces. Les zoos et les réserves fauniques ont aussi des programmes de reproduction en captivité, qui permettent aux serpents des espèces menacées d'arriver à maturité, de s'accoupler et d'avoir des petits sans risquer de se faire attaquer par des prédateurs ou des humains.

Pour en savoir plus

Un des meilleurs moyens d'aider les serpents, c'est d'apprendre plus de choses sur eux. Mieux les gens comprendront les serpents, plus ce sera facile de vivre en harmonie avec eux. Tu peux taper le mot « serpent » dans la fenêtre d'un moteur de recherche sur Internet. Va voir aussi ces sites :

• www.nature.ca/notebooks/francais/freppg.htm
• www.royalbcmuseum.bc.ca/
  end_species/es_franc/rptltax.html

Le venin de ce serpent servira à fabriquer un sérum antivenimeux pour traiter les morsures du serpent.

Glossaire

accoupler (s') S'unir pour faire des bébés

aquatique Qui vit dans l'eau

camoufler (se) Se confondre avec son environnement

chaîne alimentaire Séquence des espèces qui en mangent d'autres et qui se font manger à leur tour, depuis les plantes jusqu'aux gros animaux

couvée Œufs qu'une femelle pond en même temps

embryon Bébé en développement dans un œuf

extraire Tirer le poison des crochets d'un serpent

fertiliser Ajouter du sperme dans un œuf pour qu'un bébé puisse se former à l'intérieur

forêt pluviale Forêt humide des régions tropicales

instinct Comportement qu'un animal adopte naturellement, sans avoir à l'apprendre

muer Se débarrasser d'une couche de peau

ovipare Qui pond des œufs

ovovivipare Se dit d'un animal dont les œufs demeurent à l'intérieur du corps de la femelle, jusqu'à l'éclosion des jeunes

paralyser Désorienter ou immobiliser

prédateur Animal qui se nourrit d'autres animaux

proie Animal qui se fait manger par un autre

queue préhensile Queue musclée avec laquelle un animal peut saisir des objets ou s'enrouler autour d'eux

reptile Animal qui a une colonne vertébrale et dont le corps est couvert d'écailles

réseau alimentaire Groupe de chaînes alimentaires reliées entre elles

sécheresse Période pendant laquelle il y a très peu de pluie

sérum antivenimeux Médicament contenant une toute petite quantité de venin, pour traiter les morsures des serpents dangereux

terrier Trou dans le sol où dorment certains types de serpents

venimeux Se dit d'un animal dont le corps produit du poison

Index